हिन्दी गीति-काव्य का पर्याय बन चुके कवि नीरज बीसवीं शताब्दी के सर्वाधिक लोकप्रिय और सम्मानित काव्य व्यक्तित्व हैं। अनेक प्रतिष्ठित प्रकाशन-समूहों द्वारा कराये गये सर्वेक्षणों के तथ्य इस बात को प्रमाणित करते हैं।

भक्तिकालीन कवियों के बाद जन-भाषा में मानवीय संवेदनाओं को ऐसी अभिव्यक्ति देने वाला और जनसाधारण में इतना समादृत और स्वीकृत कोई अन्य कवि दूर-दूर तक दिखाई नहीं देता। निश्चित रूप से वे हिन्दी जगत में एक जीवित किंवदन्ती या कहें कि 'लिविंग लीजेण्ड' बन चुके हैं।

'कुछ दोहे नीरज के' उनकी अप्रतिम लेखनी से निसृत प्रेम, सौन्दर्य, सामाजिक व्यवहार, नैतिकता, राजनीति, अध्यात्म, ज्योतिष आदि विविध विषयों से सम्बंधित उत्कृष्ट दोहों का महत्वपूर्ण संग्रह है।

साथ ही उनकी कुछ पातियां भी इस संग्रह की शोभा हैं।

कुछ दोहे नीरज के

(कुछ पातियां भी)

गोपालदास नीरज
किरन सिंह

डायमंड बुक्स

प्रकाशक : **डायमंड पॉकेट बुक्स (प्रा.) लि.**
X-30 ओखला इंडस्ट्रियल एरिया, फेज-II
नई दिल्ली-110020
फोन : 011-40712200
ई-मेल : wecare@diamondbooks.in
वेबसाइट : www.diamondbooks.in
संस्करण : 2025

Kuchh Dohe Neeraj Ke
By : Gopal Das Neeraj

दोहे के सम्बन्ध में

दोहा हिन्दी काव्य की प्राचीनतम विधा है। प्राकृत, पालि, अपभ्रंश आदि सभी प्राचीन भाषाओं ने इसका तरह-तरह से श्रृंगार किया है। लोक गायकों ने भी अपनी अभिव्यक्तियाँ अधिकांशत: दोहों और गीतों में ही की हैं। एक अज्ञात कवि के निम्नलिखित दो दोहे पढ़कर उनकी काव्य-विदग्धता और कला-कौशल पर आश्चर्य होता है।

रे माटी के कूल्हड़े, देहुँ तुझे चटकाय
जो पिय के हित हैं बने, उनसे चिपकत जाय

कुल्हड़ की प्रकृति होती है कि अक्सर वो पानी या दूध पीते समय होठों से चिपक जाता है। एक नायिका के साथ ऐसा ही हुआ है और वो कुल्हड़ को डाँटते-फटकारते हुए कहती है—हे मिट्टी के कुल्हड़ मेरे होंठ तो मेरे प्रियतम के लिए हैं इनसे तुझे चिपकते हुए देखकर मन करता है कि तुझे तोड़कर फेंक दूँ। इस पर कुल्हड़ का जो उत्तर है, वो उसके बनाये जाने की सारी प्रक्रिया का वर्णन करते हुए कहता है—

लात सहीं, घूँसा सहे, सहे वार पर वार
इन होंठन के वास्ते, सर पर धरे अँगार

नायिका के होठों तक पहुँचने की, अपने त्याग, तपस्या, कष्ट और बलिदान की कहानी कहकर कुल्हड़ नायिका को कैसे निरुत्तर कर देता है, ये लोक कवियों की सूक्ष्म दृष्टि का सुन्दरतम् उदाहरण है।

इस प्रकार के श्रृंगारिक दोहे प्राचीन भाषाओं में भरे पड़े हैं। बाद में इसी विधा का आश्रय लेकर संत कवियों ने अपने आध्यात्मिक उपदेश दिये, जो जन-जन के हृदय में आज तक गहरे पैठे हुए हैं। ख़ुसरो, कबीर, नानक, मलूक, रैदास, सेना, पल्टू आदि संतों ने इसको बहुत गहराई प्रदान की है। कबीर के ये दोहे तो जगत प्रसिद्ध हैं—

चलती चाकी देखकर, दिया कबीरा रोय
दो पाटन के बीच में साबुत बचा न कोय

पोथी पढ़-पढ़ जग मुआ पंडित भया न कोय
ढाई आखर प्रेम का पढ़े सो पंडित होय

भक्तिकाल में रामचरित मानस में भी इसका उसी प्रकार प्रयोग किया गया जिस प्रकार पूर्व में मलिक मोहम्मद जायसी पद्मावत में इसका प्रयोग कर चुके थे रीतिकाल में तो बिहारी, केशव आदि ने इसे खूब श्रृंगारिक बनाकर उपमा, उत्प्रेक्षा, यमक, श्लेष आदि अलंकारों से सुसज्जित करके इसका रूप निखारा। इस काल में सर्वाधिक लोकप्रिय और श्रेष्ठ दोहकार बिहारी माने जाते हैं। लेकिन आज भी सामान्य हिन्दी भाषा भाषियों के बीच जो दोहे प्रचलित हैं वे रहीम और वृंद के नीतिपरक दोहे हैं। रहीम का ये दोहा अक्सर उद्धृत किया जाता है–

रहिमन पानी राखिये बिन पानी सब सून
पानी बिना न ऊबरे मोती मानस चून

आधुनिक काल में ये विधा विरल हो गई थी और कुछ समय के लिए समाप्तप्राय, लेकिन अब फिर जैसे हिन्दी में ग़ज़ल लेखन की बाढ़ आयी है उसी प्रकार अब दोहा हिन्दुस्तान में ही नहीं पकिस्तान में भी खूब लिखा जा रहा है और लोकप्रिय हो रहा है। मैंने भी इस विधा में कुछ मौलिक कहने की कोशिश की है और साथ ही प्राचीन महापुरुषों और संतो की सूक्तियों का भावानुवाद भी किया है। साथ ही ज्योतिष सम्बंधी कुछ सरल दोहे भी इस संकलन में इस आशय के साथ जोड़े हैं कि ज्योतिष ज्ञान प्राप्त कराने में सहायक सिद्ध हों। मैं अपने प्रयास में कहाँ तक सफल या असफल हुआ हूँ ये तो आप पाठकगण ही तय करेंगे। जो महापुरुषों और संतों की सूक्तियों का भावानुवाद मैंने किया है यदि उसमें से एक भी दोहा किसी पाठक का रूपान्तरण करने या उसके जीवन की कठिन परिस्थितियों में सहायक होता है तो मैं अपने प्रयास को सफल समझूँगा लेकिन इसके श्रेय के अधिकारी वे महापुरुष ही होंगे।

(गोपालदास नीरज)

जनकपुरी, मैरिस रोड,
अलीगढ़–202001

(1)

मौसम कैसा भी रहे कैसी चले बयार
बड़ा कठिन है भूलना पहला-पहला प्यार

(2)

भारत माँ के नयन दो हिन्दू-मुस्लिम जान
नहीं एक के बिना हो दूजे की पहचान

(3)

बिना दबाये रस न दें ज्यों नीबू और आम
दबे बिना पूरे न हों त्यों सरकारी काम

(4)

अमरीका में मिल गया जब से उन्हें प्रवेश
उनको भाता है नहीं अपना भारत देश

(5)

जब तक कुर्सी पर जमे खालू और दुखराम
तब तक भ्रष्टाचार को कैसे मिले विराम

(6)

पहले चारा चर गये अब खायेंगे देश
कुर्सी पर डाकू जमे धर नेता का भेष

(7)

कवियों की और चोर की गति है एक समान
दिल की चोरी कवि करे लूटे चोर मकान

(8)

गो मैं हूँ मँझधार में आज बिना पतवार
लेकिन कितनों को किया मैंने सागर पार

(9)

जब हो चारों ही तरफ घोर घना अँधियार
ऐसे में खद्योत भी पाते हैं सत्कार

(10)

जिनको जाना था यहाँ पढ़ने को स्कूल
जूतों पर पालिश करें वे भविष्य के फूल

(11)

भूखा पेट न जानता क्या है धर्म-अधर्म
बेच देय संतान तक, भूख न जाने शर्म

(12)

दोहा वर है और है कविता वधू कुलीन
जब इनकी भाँवर पड़ी जन्मे अर्थ नवीन

(13)

गागर में सागर भरे मुँदरी में नवरत्न
अगर न ये दोहा करे, है सब व्यर्थ प्रयत्न

(14)

जहाँ मरण जिसका लिखा वो बानक बन आय
मृत्यु नहीं जाये कहीं, व्यक्ति वहाँ खुद जाय

(15)

टी.वी. ने हम पर किया यूँ छुप-छुप कर वार
संस्कृति सब घायल हुई बिना तीर-तलवार

(16)

दूरभाष का देश में जब से हुआ प्रचार
तब से घर आते नहीं चिट्ठी पत्री तार

(17)

आँखों का पानी मरा हम सबका यूँ आज
सूख गये जल स्त्रोत सब इतनी आयी लाज

(18)

करें मिलावट फिर न क्यों व्यापारी व्यापार
जब कि मिलावट से बने रोज़ यहाँ सरकार

(19)

रुके नहीं कोई यहाँ नामी हो कि अनाम
कोई जाये सुब्ह को कोई जाये शाम

(20)

ज्ञानी हो फिर भी न कर दुर्जन संग निवास
सर्प सर्प है, भले ही मणि हो उसके पास

(21)

अद्‌भुत इस गणतंत्र के अद्‌भुत हैं षडयंत्र
संत पड़े हैं जेल में, डाकू फिरें स्वतंत्र

(22)

राजनीति के खेल ये समझ सका है कौन
बहरों को भी बँट रहे अब मोबाइल फोन

(23)

राजनीति शतरंज है, विजय यहाँ वो पाय
जब राजा फँसता दिखे पैदल दे पिटवाय

(24)

भक्तों में कोई नहीं बड़ा सूर से नाम
उसने आँखों के बिना देख लिये घनश्याम

(25)

चील, बाज़ और गिद्ध अब घेरे हैं आकाश
कोयल, मैना, शुकों का पिंजड़ा है अधिवास

(26)

सेक्युलर होने का उन्हें जब से चढ़ा जुनून
पानी लगता है उन्हें हर हिन्दू का खून

(27)

हिन्दी, हिन्दू, हिन्द ही है इसकी पहचान
इसीलिए इस देश को कहते हिन्दुस्तान

(28)

रहा चिकित्साशास्त्र जो जनसेवा का कर्म
आज डॉक्टरों ने उसे बना दिया बेशर्म

(29)

दूध पिलाये हाथ जो डसे उसे भी साँप
दुष्ट न त्यागे दुष्टता कुछ भी कर लें आप

(30)

तोड़ो, मसलो या कि तुम उस पर डालो धूल
बदले में लेकिन तुम्हें खुशबू ही दे फूल

(31)

पूजा के सम पूज्य है जो भी हो व्यवसाय
उसमें ऐसे रमो ज्यों जल में दूध समाय

(32)

हम कितना जीवित रहे, इसका नहीं महत्व
हम कैसे जीवित रहे, यही तत्व अमरत्व

(33)

जीने को हमको मिले यद्यपि दिन दो-चार
जिएँ मगर हम इस तरह हर दिन बनें हजार

(34)

सेज है सूनी सजन बिन, फूलों के बिन बाग़
घर सूना बच्चों बिना, सेंदुर बिना सुहाग

(35)

यदि यूँ ही हावी रहा इक समुदाय विशेष
निश्चित होगा एक दिन खण्ड-खण्ड ये देश

(36)

बन्दर चूके डाल को, और आषाढ़ किसान
दोनों के ही लिए है ये गति मरण समान

(37)

चिड़िया है बिन पंख की कहते जिसको आयु
इससे ज्यादा तेज़ तो चले न कोई वायु

(38)

बुरे दिनों में कर नहीं कभी किसी से आस
परछाईं भी साथ दे, जब तक रहे प्रकाश

(39)

यदि तुम पियो शराब तो इतना रखना याद
इस शराब ने हैं किये, कितने घर बर्बाद

(40)

जब कम हो घर में जगह हो कम ही सामान
उचित नहीं है जोड़ना तब ज्यादा मेहमान

(41)

रहे शाम से सुब्ह तक मय का नशा ख़ुमार
लेकिन धन का तो नशा कभी न उतरे यार

(42)

जीवन पीछे को नहीं आगे बढ़ता नित्य
नहीं पुरातन से कभी सजे नया साहित्य

(43)

रामराज्य में इस कदर फैली लूटम-लूट
दाम बुराई के बढ़े, सच्चाई पर छूट

(44)

स्नेह, शान्ति, सुख, सदा ही करते वहाँ निवास
निष्ठा जिस घर माँ बने, पिता बने विश्वास

(45)

जीवन का रस्ता पथिक सीधा सरल न जान
बहुत बार होते ग़लत मंज़िल के अनुमान

(46)

किया जाय नेता यहाँ, अच्छा वही शुमार
सच कहकर जो झूठ को देता गले उतार

(47)

जब से वो बरगद गिरा, बिछड़ी उसकी छाँव
लगता एक अनाथ-सा सबका सब वो गाँव

(48)

अपना देश महान् है, इसका क्या है अर्थ
आरक्षण हैं चार के, मगर एक है बर्थ

(49)

दीपक तो जलता यहाँ सिर्फ एक ही बार
दिल लेकिन वो चीज़ है जले हज़ारों बार

(50)

कागज़ की एक नाव पर मैं हूँ आज सवार
और इसी से है मुझे करना सागर पार

(51)

जहाँ स्वर्ण के महल थे, रहते थे सम्राट
आज वहाँ पर धूल के हैं बस ढेर विराट

(52)

बनना है तुमको अगर 'नीरज' यहाँ अमीर
सोचो मत किस चीज़ को कहते लोग ज़मीर

(53)

यार पूछ मत आजकल करते क्या अख़बार
आग लगी थी जहाँ वो बरसाते जलधार

(54)

पीछे तो निन्दा करे, सम्मुख परसे प्यार
खतरनाक है शत्रु से ज्यादा ऐसा यार

(55)

अर्थ प्रथम बल राज्य का, दूजा सेना शक्ति
तीजा बल सुख प्रजा का, चौथा सेवक भक्ति

(56)

दूजे के घर देर तक बनो नहीं मेहमान
मिलता है सम्मान के बदले फिर अपमान

(57)

कर्ज़ न लो, ना कर्ज़ दो, दोनों से हो हानि
ऋण देकर धन डूबता, ऋण लेकर हो ग्लानि

(58)

राजनीति ये वोट की, ये कुर्सी की चाह
कर देगी निश्चित हमें ये इक रोज़ तबाह

(59)

ज्योतिष लय ब्रह्माण्ड की बहती सरित समान
उद्‌गम पर अध्यात्म है संगम पर विज्ञान

(60)

भ्रष्ट जहाँ नेतृत्व हो, भ्रष्ट जहाँ सरकार
मिटे वहाँ पर किस तरह फैला भ्रष्टाचार

(61)

हिन्द-पाक सम्बन्ध में सम्भव नहीं सुधार
उसका मज़हब है घृणा, अपना मज़हब प्यार

(62)

हो जाएँ जब शान्ति के सब प्रयत्न बेकार
तब फिर केवल युद्ध ही है अन्तिम उपचार

(63)

किया विदेशों ने यहाँ जितना अधिक निवेश
उतना ही होता गया निर्धन अपना देश

(64)

कविता और संगीत हैं, भरे पेट के काम
भूखा हो जब पेट तो सब कुछ लगे हराम

(65)

जिसकी सरहद पर सदा तनी रहे संगीन
उस प्रदेश, उस खण्ड को रखिये केन्द्राधीन

(66)

जब से पनपा देश में, अयोग्यता का वंश
कौए तो मोती चुगें, आँसू पीते हंस

(67)

सिसक-सिसक रोया बहुत सारा घर-परिवार
जिस दिन उठवायी गई आँगन में दीवार

(68)

नेताओं के पास हैं, बस ये दो ही काम
मन्दिर में काटें सुबह मैखाने में शाम

(69)

हम तो बस इक पेड़ हैं खड़े प्रेम के गाँव
खुद तो जलते धूप में औरों को दें छाँव

(70)

आत्मा के सौंदर्य का, शब्द रूप है काव्य
मानव होना भाग्य है, कवि होना सौभाग्य

(71)

कौन रचे कामायनी, कौन लिखे साकेत
अब कवियों के रूप में, हैं कवियों के प्रेत

(72)

दौड़े थोड़ी दूर तक ज्यों मोटर संग श्वान
प्रगतिशीलता की रही यही यहाँ पहचान

(73)

मनिहारिन तू जा रही चूड़ी तो पहराय
तड़के ना ये सेज पर वो गुर देय बताय

(74)

खींचे बिना कमान ज्यों चले न कोई तीर
तैसे बिन पुरुषार्थ के साथ न दे तक़दीर

(75)

होली में ऋतुराज ने यूँ बदली तस्वीर
बुढ़िया तनी कमान-सी बुढ़ऊ बन गये तीर

(76)

उनके अधरों से किया जिस दिन अमृत पान
वर्ष पचहत्तर हो गये पच्चीस वर्ष समान

(77)

दोहे जैसे अधर हैं ग़ज़ल सरीखे़ नैन
बिन तुमको गाये मिले कहाँ गीत को चैन

(78)

आजादी के बाद कुछ ऐसा हुआ विकास
हरियाली को दे दिया ऊसर ने बनवास

(79)

लेकर आये थे कभी जो मेरी बारात
जब मेरी अर्थी उठी वही लोग थे साथ

(80)

महा ठगिनि ये साँस है पल-पल आये-जाय
रुक जायेगी कब कहाँ कोई जान न पाय

(81)

जीवन यात्रा में मरण है बस एक सराय
उपन्यास के मध्य हो ज्यों कोई अध्याय

(82)

समय जुलाहा बने जो निसदिन सुन्दर चीर
चीर वही लगता कफ़न जब थक जाय शरीर

(83)

नेताओं के घर यहाँ अब बन गये दुकान
डर है कहीं न बेच दें कल ये हिन्दुस्तान

(84)

चाहो बसो पहाड़ पर या फूलों के गाँव
माँ के आँचल से अधिक शीतल कहीं न छाँव

(85)

जिसमें खुद भगवान ने खेले खेल विचित्र
माँ की गोदी से अधिक तीरथ कौन पवित्र

(86)

वो क्या हैं, वो क्या नहीं, बात है बिल्कुल साफ
तकिया है मैला बहुत, उज्ज्वल मगर गिलाफ

(87)

जो था बाग़ गुलाब का उसमें बोये झाड़
आज़ादी के सँग हुआ कैसा ये खिलवाड़

(88)

तन से भारी साँस है, इसे समझ लो खूब
मुर्दा जल में तैरता, ज़िन्दा जाता डूब

(89)

चोरों को लगती बुरी, ज्यों उजियारी रात
दुर्जन को भाता नहीं, त्यों सज्जन का साथ

(90)

सदा साथ चलते यहाँ सृजन और संहार
इसी द्वैत के खे़ल को कहते हैं संसार

(91)

मित्रों हर पल को जियो, अन्तिम ही पल मान
अन्तिम पल है कौन-सा, कौन सका है जान

(92)

रिशवत लेकर फँसा है, रिशवत देकर छूट
पैसा मुँह पर मारकर सच को कर दे झूठ

(93)

कहीं नहीं संसार में पीड़ा प्रसव समान
या जाने नारी इसे, या जाने भगवान

(94)

विज्ञापन ने है रचा ऐसा मायाजाल
हम साड़ी के दाम में, करते क्रय रूमाल

(95)

हैं जब से मंत्री बने नेता एक महान्
है मकान उनका बना तबसे एक दुकान

(96)

मैं चाहे घर में रहूँ या भोगूँ बनवास
माँ की दो आँखें सदा पीछे रहती पास

(97)

झूठे सिक्के चल रहे सच्चाई की हाट
सच्चाई के घर मिली केवल टूटी खाट

(98)

घर-घर में आँधी खड़ी दर-दर पर तूफ़ान
कैसे इस माहौल में, जिए कहो इन्सान

(99)

कुर्सी की महिमा अमित, हमसे कही न जाय
कभी बिठाये तख़्त पर, कभी जेल पहुँचाय

(100)

जिसने हर दुख को सहा समझ सुखों का हेतु
बना सका वो व्यक्ति ही भवसागर पर सेतु

(101)

गगन थाल, दीपक नखत, चंदन गंधित वात
प्रभु की होती आरती हे संतो दिन रात

(102)

जब तक डोरी हाथ में, देख हवा का ढंग
पता नहीं किस पल कटे किसकी तनी पतंग

(103)

तन तो ये साकेत है और हृदय है राम
श्वास-श्वास में गूँजता पल-पल उसका नाम

(104)

मानव मूल्यों की न अब कविता करे तलाश
उसको तो हर दम रहे बस ताली की प्यास

(105)

जब से गाँवों में हुई सरपंचों की रेस
ठग-चोरों ने धर लिया साधु, सन्त का भेष

(106)

बीड़ी सिगरेट मत पियो है ये बुरी बलाय
दूषित हो वातावरण मुँह में आग लगाय

(107)

हैं स्याही के दीप सब पृष्ठांकित ये शब्द
इन्हें बुझा सकते नहीं गुज़रे कितने अब्द

(108)

भीतर से वो शख़्स है, कपटी धूर्त समान
बाहर से दिखता मगर इक सीधा इन्सान

(109)

बड़े हुए हम थामकर जिसकी बूढ़ी बाँह
याद हमें है आज भी उस बरगद की छाँह

(110)

क्षण-क्षण बदले रंग वो कहें जिसे संसार
कुछ भी स्थिर है नहीं नफरत हो या प्यार

(111)

वर्तमान बनना अगर चाहे कोई अतीत
तो भविष्य उसका सभी होय त्रिशंकु प्रतीत

(112)

शब्दों का बस खेल हैं सारे धार्मिक ग्रंथ
उनसे ही पैदा हुए जग में अनगिन पंथ

(113)

बाँटे बढ़ता ज्ञान अरु धन बाँटे घट जाय
उसे सँजोओ, चोर भी जिसको चुरा न पाय

(114)

भले रहें हम ना रहें, मगर रहेंगे गीत
ये वाणी के मंत्र है काल सके ना जीत

(115)

बार-बार जो सिर झुके, बार-बार उठ जाय
ऐसा सिर तो देश का गौरव सदा लजाय

(116)

मियाँ मुशर्रफ ने सदा थामी है बन्दूक
और अटल की कलम है कवि-कोकिल की कूक

(117)

जब चलता हो हर जगह जंगल वाला न्याय
बात शांति की तब करें, वे जो हैं निरुपाय

(118)

छोटी मछली बड़ी का सदा रही आहार
सिर्फ शक्ति के सामने झुकता है संसार

(119)

ऋण लेकर जो अन्य से भरता घर का पेट
कर देता ऋण ही उसे एक दिन मटिया मेट

(120)

कच्चा धागा साँस का पल में जाए टूट
जीवन भर जो संग रहे जाँय अकारण रूठ

(121)

उस भाषा में ही उसे उत्तर दीजे आप
शत्रु करे जिस तरह से तुमसे वार्तालाप

(122)

भ्रष्टाचार बना यहाँ अब तो शिष्टाचार
पता नहीं इस देश का क्या होगा करतार

(123)

नल बैठे हड़ताल पर बिजली हुई फरार
नगर निगम बहरा हुआ किस से करें गुहार

(124)

जंग, प्यार में है उचित सब कुछ करना यार
वो आगे से वार हो या पीछे से वार

(125)

जन्म मरण अद्वैत हैं, है ये सृष्टि विधान
जीकर के पल-पल यहाँ मरता है इन्सान

(126)

बोल रहा जो सामने तेरे मीठे बोल
पीछे वो ही पीटता है निन्दा के ढोल

(127)

जैसे को तैसा मिले है ये जग की रीति
कड़वे बोलों से भला कब मीठी हो प्रीति

(128)

कभी गया इस गाँव मैं कभी गया उस गाँव
मगर कहीं पायी नहीं मैंने ठण्डी छाँव

(129)

पता नहीं किसने कहाँ मय पी सुबहो शाम
पूरे घर को पी गया मगर एक ही जाम

(130)

सोओ जल्दी रात में जागो जल्दी प्रात
है सेहत के लिए ये बच्चों अच्छी बात

(131)

प्रातः उठकर के छुओ मात-पिता के पाँव
फिर तो हर दम रहेगी तुम पर प्रभु की छाँव

(132)

माँ ही तो एक शब्द है ईश्वर का उपनाम
उसके दोनों चरण हैं राम और घनश्याम

(133)

अगर खेल में मन लगे पढ़ना समझो खेल
फिर तुम किसी क्लास में कभी न होगे फेल

(134)

मात-पिता से है मुझे कहना बारम्बार
बच्चों को पालो, न दो अपने उन्हें विचार

(135)

दरवाजे और खिड़कियाँ रहें सदा ही बन्द
घर की सकल सुगन्ध फिर बन जाती दुर्गन्ध

(136)

जहाँ सत्य का वास हो रहता वहीं असत्य
आँगन में ही झूठ के होता सच का नृत्य

(137)

जोर-जुलम अन्याय का गली-गली है राज
इनसे ज्यादा और क्या होगा सभ्य समाज

(138)

रोज फिरौती अपहरण घर-घर चीख पुकार
आजादी ने दिये हैं हमको ये उपहार

(139)

भूखा बचपन देश का यौवन है बेकार
और बुढ़ापा झेलता निर्धनता की मार

(140)

भाषण से शासन चले राशन से जनतंत्र
राजनीति है पढ़ रही आश्वासन के मंत्र

(141)

लय टूटी है गीत की ग़ज़ल-काफिया तंग
सिर्फ गले की थाप पर बजे शब्द की चंग

(142)

श्वेत-श्याम दो रंग के चूहे हैं दिन-रात
तन की चादर कुतरते पल-पल रहकर साथ

(143)

मर जाये विश्वास जब मर जाये सम्मान
जीवन है तब व्यक्ति का समझो मरण समान

(144)

ताली दो हाथों बजे, है ये जग की रीति
प्रीति इधर तब ही बढ़े, बढ़े उधर जब प्रीति

(145)

चढ़ने में जीवन खपे, गिरने में पल एक
अच्छाई की राह में हैं मुश्किलें अनेक

(146)

जिनके मुँह भी बन्द हैं और बँधे हैं हाथ
आज अटल भी हो गये उन लोगों के साथ

(147)

देखी थी जिनमें कभी सिंह समान दहाड़
कुर्सी पाकर बन गये वे अब एक सियार

(148)

आप अहिंसा से करें हिंसा का प्रतिकार
आत्मघात का रास्ता समझो है तैयार

(149)

जो आये ठहरे यहाँ थे न यहाँ के लोग
सबका यहाँ प्रवास है, नदी-नाव संजोग

(150)

हैं न्यायालय में खड़े अब बनवासी राम
पता नहीं किस जेल में गुज़रे उनकी शाम

(151)

दुख से बढ़कर मनुज का और न कोई मीत
यही अश्रुबल साथ दे जब थक जाये गीत

(152)

मन से ज्यादा तेज तो चले न कोई और
जहाँ नहीं पहुँचे हवा ये पहुँचे उस ठौर

(153)

मन का ही व्यापार हैं जग के सारे रूप
कभी दिखाये छाँव ये कभी दिखाये धूप

(154)

दिखे नहीं फिर भी रहे खुशबू जैसे साथ
ऐसे ही परमात्मा संग चले दिन-रात

(155)

नेत्रदान से है नहीं बढ़कर कोई दान
जो भी करता दान ये बड़ा वही इन्सान

(156)

अफवाहों ने हवा का यूँ रुख़ बदला यार
उसे पुरबिया कहें जो है पश्चिमी बयार

(157)

बी.ए. इक दिन में करो और एम.ए. दिन चार
इन्हीं किताबों से यहाँ भरा पड़ा बाजार

(158)

दो नावों पर जो चढ़े कभी न उतरे पार
या तो भटके उम्रभर या डूबे मझधार

(159)

जड़ सींचो घी, दूध से नीम न मीठा होय
वैसे ही दुर्जन यहाँ सज्जन बने न कोय

(160)

सुनने को तो वे बहुत लगते हैं अनमोल
मगर दिखावा मात्र है संतों के सब बोल

(161)

आस्थायें खण्डित हुईं टूट गये विश्वास
आजादी के बाद कुछ ऐसा हुआ विकास

(162)

कितने ही सद्भाव के दो तुम उन्हें सबूत
हैं बातों से मानते कब लातों के भूत

(163)

भारत में रह कर करें जो गज़नी का जाप
उन लोगों को किसलिए माफ कर रहे आप

(164)

अदब, शराफत, सौम्यता, स्नेह, मोहब्बत, प्यार
कहीं न ये चीजें मिलीं देखे सब बाज़ार

(165)

फल बिन वृक्ष न सोहते नदी नहीं बिन नीर
उसी तरह तदवीर बिन सजे नहीं तकदीर

(166)

भक्षक को तुमने दिया रक्षक का सम्मान
इससे अधिक शहीद का क्या होगा अपमान

(167)

जिसने छुप-छुप कर किया हर दिन हम पर वार
उसको ही हम दे रहे फूलों के उपहार

(168)

प्रियतम तुम से बिछुड़ कर हम बन गये करील
तन मन सूखा रेत-सा, यद्यपि नयन हैं झील

(169)

मिटती नहीं सुगंध रे ! भले मरे सब फूल
यही सार अस्तित्व का, यही धर्म का मूल

(170)

अहंकार और प्रेम का, कभी न निभता साथ
जैसे संग रहते नहीं, संध्या और प्रभात

(171)

मात्र वंदना में नहीं फूल चढ़े दो-चार
उसके चरणों में सदा चढ़ते शीश अपार

(172)

कहीं अँगूठा छाप है कहें बधिर मतिहीन
तभी यहाँ तो बज रही लोकतंत्र की बीन

(173)

दिये तुझे माँगे बिना, जिसने फल और छाँह
काट रहा है मूढ़ तू, उसी वृक्ष की बाँह

(174)

दर्पन पर अपना न कुछ, झूठे ही इतराय
जो तुम चाहो देखना वो ही तुम्हें दिखाय

(175)

शक्ति न बनती सृजन तो बनती सिर्फ विनाश
वृक्ष न दे फल-फूल तो हो कीटों का वास

(176)

सिर्फ सुने, देखे नहीं है अंधा कानून
इसीलिये इन्साफ़ का होता अक्सर ख़ून

(177)

सिर्फ बिछुड़ने के लिये हैं ये मेल-मिलाप
एक मुसाफ़िर हम यहाँ, एक मुसाफ़िर आप

(178)

जुआ, वारुणी, वेश्या इनसे बचना यार
ये जब भी पीछे पड़े, चौपट हो घर-बार

(179)

कोई भी युग क्यों न हो, कोई भी हो काल
है हर इक इतिहास के पन्नों का रंग लाल

(180)

आत्मा है भागीरथी, सत-शिव का है नीर
धारा है सौन्दर्य की, धर्म-कर्म दो तीर

(181)

झुकी हुई तलवार को कभी न मिलती जीत
जीत तभी संभव कि जब, शत्रु रहे भयभीत

(182)

झुक-झुककर घुटने हुये, अब इतने कमजोर
लड़ने में असमर्थ हम, करें शान्ति का शोर

(182)

जिसने आत्मा बेचदी, वो बन गया अमीर
सच्चाई पर जो मरा होता गया फ़कीर

(183)

हर इन्साँ इस दौर में, बदला है इस तौर
सम्मुख है वो और कुछ, पीछे है कुछ और

(184)

जैसा हो आघात रे ! वैसा बजे सितार
तेरी ही आवाज़ की प्रतिध्वनि है संसार

(185)

बोया जाये जहाँ पर वहाँ न फल दे धान
गेह पिता के सुतार को, समझो इसी समान

(186)

आप रात के वास्ते क्यों करते इसरार
काम कौन-सा है कि जो दिन में होय न यार

(187)

जिसने हर पल को जिया अन्तिम ही पल मान
जीने को सचमुच यहाँ, जिया वही इन्सान

(188)

बना हुआ धृतराष्ट्र है, सारा सभ्य समाज
नग्न हो रही द्रौपदी, चौराहे पर आज

(189)

मुट्ठी जब तक बन्द है, खाली ही रह जाय
खुली रहे तो विश्व की, सब सम्पत्ति समाय

(190)

सुख-दुख तो हैं जगत के, चक्की के दो पाट
सबको ही ये पीसते भिक्षुक हो सम्राट

(191)

नकली सारा आवरण, नकली सारा भेष
क्या ये अपनी संस्कृति, क्या ये अपना देश

(192)

बजा रहे सब जोर से लोकतंत्र का ढोल
और अधिक है दूध से पानी का भी मोल

(193)

आज़ादी ने इस तरह सीखे नये उसूल
बम्ब बिछे हैं वहाँ पर जहाँ खिले ये फूल

(194)

सब विकास अब घूमकर पहुँचा है उस मोड़
सड़क-छाप भी लोग अब लूटें लाख-करोड़

(195)

तन तो ये साकेत है और हृदय है राम
श्वास-श्वास में गूँजता, पल-पल उसका नाम

(196)

मेले में संसार के ऐसा हुआ छलाव
घर लौटे हम बेचकर सोना मिट्टी भाव

•

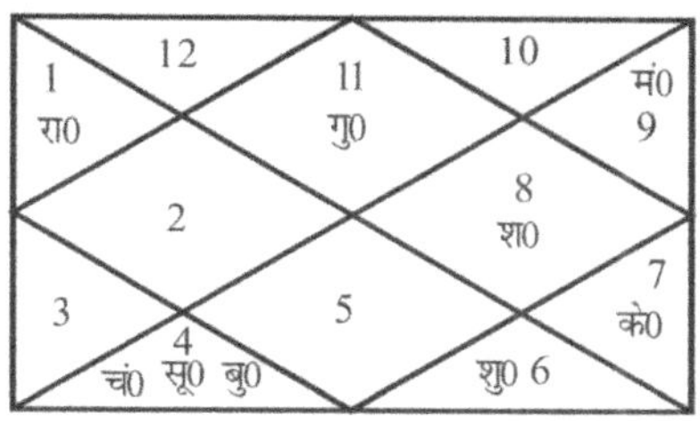

ज्योतिष के दोहे

ब्रह्मज्ञान से कम नहीं है ज्योतिष का ज्ञान
सबके कर्म अकर्म की, इससे हो पहचान
नीरज

(1)

अगर चन्द्र से दूसरे, हो शुभ-ग्रह आसीन
उसको सुनफा योग सब, कहते लोग प्रवीण

(2)

द्वादश में यदि चन्द्र से, हों शुभ ग्रह आसीन
उसको अनफा योग सब, कहते लोग प्रवीण

(3)

आगे-पीछे चन्द्र के, शुभ ग्रह पावें स्थान
यही दुर्धरा योग है, कहता ज्योतिष ज्ञान

(4)

अगर चन्द्र से बृहस्पति, छठे-आठवे जाय
कष्ट-प्रदायक योग ये, शकट योग कहलाय

(5)

आगे-पीछे चन्द्र के, जब न कोई ग्रह जाय
अति दुखदाई योग ये, **केमद्रुम**, कहलाय

(6)

छठे-सातवें-आठवें, जब शुभ ग्रह पड़ जाय
चन्द्र मध्य इनमें रहे, ये **चन्द्राधि** कहाय

(7)

छठे-सातवें-आठवें, जब शुभ ग्रह पड़ जाय
लग्न मध्य इनमें रहे, ये **लग्नाधि** कहाय

(8)

आगे पीछे चन्द्र के, जब पापी ग्रह जाय
पापकर्तरी दुखद ये, योग कहो समझाय

(9)

केन्द्र भाव में, उच्च हो, या स्वराशि में जाय
यूँ बैठे जब सूर्य-सुत, **शशक** योग कहलाय

(10)

केन्द्र-भाव में उच्च हो, या स्वराशि में जाय
बुध जब यूँ आसीन हो, **भद्र** योग कहलाय

(11)

केन्द्र-भाव में उच्च हो, या स्वराशि में जाय
यूँ बैठे जब भूमि-सुत, रूचक योग कहलाय

(12)

केन्द्र-भाव में उच्च हो, या स्वराशि में जाय
गुरु जब यूँ आसीन हो, **हंस** योग कहलाय

(13)

केन्द्र-भाव में उच्च हो, या स्वराशि में जाय
यूँ स्थित जब शुक्र हो, **मालव्य**-योग कहाय

(14)

स्वामी निशि-पति लग्न का, हो लग्नेश संयुक्त
पुष्कल नामक योग हो, फल है ये शास्त्रोक्त

(15)

भूमि-पुत्र और दैत्य-गुरु, हों सप्तम में संग
वो स्त्री करती सदा, मर्यादा का भंग

(16)

जब सूरज से दूसरे, शुभ ग्रह हों विद्यमान
वेशि-योग कहता उसे, अपना ज्योतिष-ज्ञान

(17)

जब- सूरज से द्वादशे, शुभ ग्रह पावें स्थान
उसको **वाशी** योग सब, कहते हैं विद्वान

(18)

ठीक सूर्य के सामने, जब आता है चन्द्र
तभी पूर्णिमा का सभी, पाते हैं आनन्द

(19)

जब रवि शशि इक राशि पर, करें परस्पर योग
इस तिथि को मावस कहें, दुनिया के सब लोग

(20)

लाभ और धन भाव-पति, जब डाले गल-बाँह
सुख-समृद्धि की व्यक्ति तब, पाता अनुपम छाँह

(21)

शुक्र विराजे सातवें, शशि द्वादश में जाय
पत्नी ऐसे व्यक्ति की, जीवित ना रह पाय

(22)

जो त्रिकोण और केन्द्र का, ग्रह स्वामी बन जाय
राजयोगकारक वही, ग्रह जग में कहलाय

(23)

जन्म रात्रि में, लग्न सम, सम राशी रवि चन्द
स्त्री हित है योग ये, **महाभाग्य**-अनुबन्ध

(24)

चन्द्र, चन्द्र का पुत्र अरू, राहू-युत लग्नेश
वेश्य नाम का योग ये, करे कुष्ठ का क्लेश

(25)

लग्न, चन्द्र, लग्नेश-बुध, चौथे-पंचम भाव
पापी ग्रह से दृष्ट हो, पागल होय सुभाव

(26)

शुभ ग्रह बैठे केन्द्र में, षष्ट-अष्ठ हों रिक्त
ये तो **पर्वत** योग है, हर शुभता से सिक्त

(27)

द्वादश-पति और लग्नपति, मिश्र ग्रहों से दृष्ट
होंय परस्पर केन्द्रगत, **पर्वत** योग बलिष्ठ

(28)

मंगल दूसर भाव में, शनि तृतीय में जाय
दुर्बल हों, पंचम नवम, **पुत्र-अभाव** कहाय

(29)

द्वितीय-भाव में बैठ बुध, पाप प्रभावित होय
तो वाणी के ह्रास से, बच ना पावे कोय

(30)

रवि से बुध हो दूसरा, हो एकादश चन्द्र
गुरु त्रिकोण में चन्द्र से, **भास्कर** योग अमन्द

(31)

गुरु से हो यदि केन्द्र में, शुक्र तथा लग्नेश
शास्त्रकार कहते इसे, **भेरी** योग विशेष

(32)

चतुर्थेश दशमेश जब, बैठे हों इक साथ
है शुभ **काहल** योग ये, राजयोग विख्यात

(33)

हो जब चौथे भाव पर, दशमाधिप की दृष्टि
तब भी **काहल** योग की, हो जाती है सृष्टि

(34)

होंयं परस्पर केन्द्र में, चतुर्थेश नवमेश
सबल लग्न-पति तो बने, **काहल** योग विशेष

(35)

द्वितीय व द्वादश में करें, जब पापी ग्रह वास
पापकर्तरी योग ये, देता है संत्रास

(36)

द्वितीय व द्वादश भाव में, शुभ ग्रह करें निवास
शुभकर्तरि ये योग है, सुखकर करे विलास

(37)

जब लग्नेश-धनेश में, हो परिवर्तन योग
केन्द्र-त्रिकोणे लग्नपति, खड्ग योग है भोग

(38)

निशि-पति से जब देव-गुरु, बैठें केन्द्र-स्थान
योग बने **गज-केसरी**, दे श्री, सुख सम्मान

(39)

केन्द्र स्थित जब शुक्र सँग, बैठा हो नवमेश
लक्ष्मी नामक योग ये, देता भोग विशेष

(40)

राहू-ग्रस्त सुखेश-जब, दारा भाव सजाय
यह **व्यभिचारी** योग है, पत्नी को दुखदाय

(41)

चन्द्र, चन्द्र-सुत, शुक्र गुरु, हों जब रवि के साथ
शुभ दिन में हो जन्म तो, **वाचस्पति** बन जात

(42)

षष्ठ-अष्ठ-द्वादशपती, किसी तरह हों साथ
राजयोग **विपरीत** ये, श्रेष्ठ योग बन जात

(43)

अष्ठमेश-तृतीयेश युत, होवें जब बलवान
ये अति उत्तम योग है, देय ज्ञान-विज्ञान

(44)

अष्ठम पति या भाव पर, हो जब पापी दृष्टि
जब विदेश यात्रा गमन की होती है सृष्टि

(45)

लग्न, लग्नपति, चन्द्र पर, हो शनि-राहु-प्रभाव
यदि हो ऐसी कुंडली, **मद्यप** बने स्वभाव

(46)

लग्न भाव में गुरु रहे, सप्तम बुध और चन्द्र
उस जातक की ज्योति-श्री होती कभी न मन्द

(47)

चन्द्र, शुक्र, कुज यदि रहें चौथे घर आसीन
ऐसे जातक की कभी हो न सम्पदा क्षीण

(48)

चन्द्र और लग्नेश यदि हों सुखेश के साथ
हो न कभी उस व्यक्ति का धन से खाली हाथ

(49)

दशम भाव लग्नेश हो, हो दशेश युत लग्न
सुख-समृद्धि ये योग दे, जन को बिना प्रयत्न

(50)

एकादशपति, लग्नपति, बदलें यदि निज गेह
ऐसे जन के गेह में बरसे धन का मेह

●

नीरज की पातियाँ

(1)

आज की रात तुझे आख़िरी ख़त और लिख दूँ
कौन जाने यह दिया सुबह तक जले न जले ?
बम्ब बारूद के इस दौर में मालूम नहीं
ऐसी रंगीन हवा फिर कभी चले न चले।

ज़िन्दगी सिर्फ है खूराक टैंक तोपों की
और इन्सान है एक कारतूस गोली का
सभ्यता घूमती लाशों की इक नुमाइश है
और है रंग नया खून नयी होली का।

कौन जाने कि तेरी नर्गिसी आँखों में कल
स्वप्न सोये कि किसी स्वप्न का मरण सोये
और शैतान तेरे रेशमी आँचल से लिपट
चाँद रोये कि किसी चाँद का कफ़न रोये।

कुछ नहीं ठीक है कल मौत की इस घाटी में
किस समय किसके सबेरे की शाम हो जाये
डोली तू द्वार सितारों के सजाये ही रहे
और ये बारात अँधेरे में कहीं खो जाये।

मुफ़लिसी, भूख, ग़रीबी से दबे देश का दुख
डर है कल मुझको कहीं खुद से न बाग़ी कर दे
जुल्म की छाँह में दम तोड़ती साँसों का लहू
स्वर में मेरे न कहीं आग-अँगारे भर दे।

चूड़ियाँ टूटी हुई नंगी सड़क की शायद
कल तेरे वास्ते कंगन न मुझे लाने दें
झुलसे बागों के धुआँ खाये हुए पात कुसुम
गोरे हाथों में न मेहँदी का रंग आने दें।

यह भी मुमकिन है कि कल उजड़े हुए गाँव-गली
मुझको फ़ुरसत ही न दें तेरे निकट आने की
तेरी मदहोश नज़र की शराब पीने की
और उलझी हुई अलकें तेरी सुलझाने की।

फिर अगर सूने पेड़ द्वार सिसकते आँगन
क्या करूँगा जो मेरे फ़र्ज को ललकार उठे ?
जाना होगा ही अगर अपने सफ़र में थककर
मेरी हमराह मेरे गीत को पुकार उठे।

इसलिए आज तुझे आख़िरी ख़त और लिख दूँ
आज मैं आग के दरिया में उतर जाऊँगा
गोरी-गोरी-सी तेरी सन्दली बाँहों की कसम
लौट आया तो तुझे चाँद नया लाऊँगा।

●

(2)

आज की रात बड़ी शोख बड़ी नटखट है
आज तो तेरे बिना नींद नहीं आयेगी
आज तो तेरे ही आने का यहाँ मौसम है
आज तबियत न ख़यालों से बहल पायेगी।

देख ! वह छत पे उतर आई है सावन की घटा,
खेल खिड़की से रही आँख मिचौनी बिजली
दर पे हाथों में लिये बाँसुरी बैठी है बहार
और गाती है कहीं कोई कुयलिया कजली।

पीऊ पपीहे की, यह पुरवाई, यह बादल की गरज
ऐसे नस-नस में तेरी चाह जगा जाती है
जैसे पिंजरे में छटपटाते हुए पंछी को
अपनी आज़ाद उड़ानों की याद आती है।

जगमगाते हुए जुगनू, ये दिये आवारा
इस तरह रोते हुये नीम पे जल उठते हैं
जैसे बरसों से बुझी सूनी पड़ी आँखों में
ढीठ बचपन के कभी स्वप्न मचल उठते हैं।

और रिमझिम ये गुनहगार, यह पानी की फुहार
यूँ किये देती है गुमराह वियोगी मन को
ज्यूँ किसी फूल की गोदी में पड़ी ओस की बूँद
जूठा कर देती है भौरों के झुके चुम्बन को।

पार जमुना के सिसकती हुई विरहा की लहर
चीरती आती है जो धार की गहराई को
ऐसा लगता है महकती हुई साँसों ने तेरी
छू दिया है किसी सोई हुई शहनाई को।

और दीवानी-सी चम्पा की नशीली खुशबू
आ रही है कि जो छन-छन के घनी डालों से
जान पड़ता है किसी ढीठ झकोरे से लिपट
खेल आई है तेरे उलझे हुए बालों से !

अब तो आजा ओ कँवल-पात-चरन, चन्द्र-बदन
साँस हर मेरी अकेली है, दुकेली कर दे
सूने सपनों के गले डाल दे गोरी बाँहें
सर्द माथे पे जरा गर्म हथेली धर दे !

पर ठहर वे जो वहाँ लेटे हैं फुट-पाथों पर
सर पे पानी की हरेक बूँद को लेने के लिए
उगते सूरज की नयी आरती करने के लिए
और लेखों को नयी सुर्खियाँ देने के लिए।

और वह, झोपड़ी छत जिसकी स्वयं है आकाश
पास जिसके कि खुशी आते शर्म खाती है
गीले आँचल ही सुखाते जहाँ ढलती है धूप
छाते छप्पर ही जहाँ ज़िन्दगी सो जाती है।

पहले इन सब के लिए एक इमारत गढ़ लूँ
फिर तेरी साँवली अलकों के सपन देखूँगा
पहले हर दीप के सर पर कोई साया कर दूँ
फिर तेरे भाल पे चन्दा की किरन देखूँगा।

●

(3)

शाम का वक्त है, ढलते हुए सूरज की किरन
दूर उस बाग में लेती है बसेरा अपना
धुंध के बीच थके से शहर की आँखों में
आ रही रात है अँजनाती अँधेरा अपना !

ठीक छह दिन के लगातार इन्तज़ार के बाद
आज ही आई है ऐ दोस्त ! तुम्हारी पाती
आज ही मैंने जलाया है दिया कमरे में
आज ही द्वार से गुज़री है वह जोगिन गाती

व्योम पे पहला सितारा अभी ही चमका है
धूप ने फूल का आँचल अभी ही छोड़ा है
बाग़ में सोयी हैं मुस्काके अभी ही कलियाँ
और अभी नाव का पतवार ने रुख मोड़ा है।

आग सुलगाई है चूल्हों ने अभी ही घर-घर
आरती गूँजी है मठ मन्दिरों शिवालों में
अभी हाँ पार्क में बोले हैं एक नेता जी,
और अभी बाँटा टिकिट है सिनेमा वालों ने !

चीखती जो रही कैंची की तरह से दिन-भर
मंडियों बीच अब बढ़ने लगी हैं दूकानें
हलचलें दिन को जहाँ जुल्म से टकराती रहीं
हाट मेले वे अब होने लगे हैं वीराने।

बन्द दिन भर जो रहे सूम की मुट्ठी की तरह
खुल गये मील के फाटक हैं वो काले-काले
भरती जाती है सड़क स्याह-स्याह चेहरों से
शायद इनपे भी कभी चाँदनी नजर डाले।

वह बड़ी रोड नाम जिसका है अब गांधी मार्ग
हल हुआ करते हैं होटल में जहाँ सारे सवाल
मोटरों-रिक्शों बसों से है इस तरह बोझिल
जैसे मुफ़लिस की गरीबी पे कि रोटी का ख़याल।

और बस्ती वह मूलगंज जहाँ कोठों पर
रात सोने को नहीं जागने को आती है
एक ही दिन में जहाँ रूप की अनमोल कली
ब्याह भी करती है और बेवा भी हो जाती है।

चमचमाती हुई पानों की दुकानों पे वहाँ
इस समय एक है मेला-सा खरीदारों का
एक बस्ती है बसी यह भी रामराज्य में दोस्त
एक यह भी है चमन वोट के बीमारों का।

बिकता है रोज यहीं पर सतीत्व सीता का
और कुन्ती का भी मातृत्व यहीं रोता है
भक्ति राधा की यहीं भागवत पे हँसती है
राष्ट्र निर्माण का अवसान यहीं होता है !

आके इस ठौर ही झुकता है शीश भारत का
जाके इस जगह सुबह राह भूल जाती है
और मिलता है यहीं अर्थ गरीबी का हमें
भूख की भी यहीं तस्वीर नज़र आती है !

सोचता हूँ क्या यही स्वप्न था आज़ादी का ?
रावी तट पे क्या क़सम हमने यही खाई थी ?
क्या इसी वास्ते तड़पी थी भगतसिंह की लाश ?
दिल्ली बापू ने गरम खून से नहलाई थी ?

अब लिखा जाता नहीं, गर्म हो गया है लहू
और कागज़ पे क़लम काँप-काँप जाती है
रोशनी जितनी ही देता हूँ इन सवालों को
शाम उतनी ही और स्याह नज़र आती है।

इसीलिए सिर्फ रात भर के वास्ते दो विदा
कल को जागूँगा लबों पर तुम्हारा नाम लिये
वृद्ध दुनिया के लिये कोई नया सूर्य लिये
सूने हाथों के लिये कोई नया काम लिये !

●

(4)

आज है तेरा जनम दिन, तेरी फुलबगिया में
फूल एक और खिल गया है किसी माली का
आज की रात तेरी उम्र के कच्चे घर में
दीप एक और जलेगा किसी दीवाली का।

आज वह दिन है किसी चौक पुरे आँगन में
बोलने वाला खिलौना कोई जब आया था
आज वह वक्त है जब चाँद किसी पूनम का
एक शैतान शमादान से शरमाया था।

आज एक माँ की हृदय साध औ तुलसी पूजा
बनके राधा किसी झूले में किलक उट्ठी थी
आज एक बाप के कमजोर बुढ़ापे की शमा
एक गुड़िया की शरारत से भड़क उट्ठी थी।

मेरी मुमताज अगर शाहजहाँ होता मैं
आज एक ताजमहल तेरे लिए बनवाता
सब सितारों को कलाई में तेरी जड़ देता
सब बहारों को तेरी गोद में बिखरा आता।

किन्तु मैं शाहजहाँ हूँ न सेठ साहूकर
एक शायर हूँ गरीबी ने जिसे पाला है
जिसकी खुशियों से न बन पाई कभी जीवन में
और जिसकी सुबह का भी गगन काला है।

काँपती लौ, यह सियाही, यह धुआँ यह काजल
उम्र सब अपनी इन्हें गीत बनाने में कटी,
कौन समझे मेरी आँखों की नमी का मतलब
ज़िन्दगी वेद थी पर जिल्द बँधाने में कटी।

लाखों उम्मीद भरे चाँद गगन में चमके
मेरी रातों के मगर भाग्य में बादल ही रहे,
लाख रेशम की नक़ाबों ने लगाये मेले
मेरी गीतों की छिली देह पै वल्कल ही रहे।

आज सोचा था तुझे चाँद सितारे दूँगा
हाथ में चन्द लकीरों के सिवा कुछ भी नहीं
राष्ट्र भाषा की है सेवा का पुरस्कार यही
ज़ख़्मों पर मेरे तीरों के सिवा कुछ भी नहीं।

आज क्या दूँ मैं तुझे कुछ भी नहीं दे सकता
गीत हैं कुछ कि जो अब तक न कभी रूठे हैं
भेंट में तेरी इन्हें ही मैं भेजता हूँ तुझे
हीरे मोती तो दिखावे हैं कि सब झूठे हैं।

प्यार से स्नेह से होंठों पे बिठाना इनको
और जब रात घिरे याद इन्हें कर लेना
राह पर और भी काली जो कहीं हो कोई
हाथ जो इनके दिया है वह उसे दे देना।

●

(5)

प्यार करके जो निभाना ही नहीं था तुझको
किसलिए तू मेरे सपनों के निकट आई थी
किसलिए होंठ मेरे होंठ से गरमाये थे ?
किसलिए आँख मेरी आँख से उलझाई थी ?

मैं तो समझा था तेरी श्याम अलक में गुँथकर,
मैं किसी स्वर्ग की बगिया में पहुँच जाऊँगा,
और काजल में तेरी आँख के घुलकर मिलकर
मोती सब मानसरोवर के उठा लाऊँगा !

ज्ञात यह किन्तु नहीं था कि प्यार तेरा भी
रुपहले चन्द ठीकरों का खरीदार ही है
कैद है तेरी कलाई भी किसी कंगन में
तू भी सोने की चमकती हुई झंकार ही है !

तू जो कहती थी कि सूरज के चले जाने पर
जैसे फूलों की हँसी सूख के झर जाती है
जैसे आँधी के थपेड़े से मोमबत्ती की
काँपती लौ न किसी तौर भी जल पाती है !

वैसे ही तेरी जवानी की महकती चादर
मेरी बाहों की जुदाई नहीं सह सकती है
तू तो रहले भी किसी भाँति, मगर साँस तेरी
मेरे ग़म में न किसी हाल में रह सकती है !

और अब आज ही तू प्यार को बदनाम बना
अजनबी जाँघ पे सर रख के कहीं लेटी है
और बैठा हूँ मैं हाथों में लिए कुछ तिनके
जबकि नस-नस मेरी रस्सी की तरह ऐंठी है।

मखमली नर्म बिछौने की गर्म बाहों में
आह चूड़ी तेरी रह-रह के खनकती होगी
मेरी जब रात अँधेरी है तेरी रातों में
टिकुली कोई तेरे माथे की दमकती होगी !

मेरी बगिया में जब एक फूल नहीं पात नहीं
तूने तब खुद को गुलाबों से सजाया होगा,
तुझको देखे बिना जब आँख यह पथराई है
तब किसी ने तुझे सीने से लगाया होगा !

उफ यह बेशर्म दरद अब न सहा जाता है
जी मैं आता है कि इस दिल पे अँगारे धर दूँ
टिमटिमाती हुई इस लौ पे सियाही मल दूँ
और इस साँस को मरघट के हवाले कर दूँ।

क्रोध आता है तेरी शोख अँखड़ियों पे मगर
दोष इस सबके लिए दूँ तो तुझे दूँ कैसे ?
तेरी मर्ज़ी तो तेरी अपनी नहीं मर्ज़ी है
तू भी मजबूर है मजबूर हैं हम सब जैसे !

पूँजी-मसनद के सहारे पे टिकी दुनिया में
प्यार बिकता है गली-गाँव खिलौने की तरह
होता ईमान है नीलाम बर्तनों की तरह
और बिछा करती हैं औरतें रे ! बिछौनों की तरह

तूने खुद ही न मेरा साथ यहाँ छोड़ा है
तेरी मजबूर ग़रीबी ही मुझे छोड़ गई,
तू तो हटती न मेरे पथ से किसी क़ीमत पर
तेरी गुमनाम बेबसी ही तुझे मोड़ गई !

अपनी मर्ज़ी से नहीं दूसरों की मर्ज़ी से
बेचना तुझको पड़ा है जवान तन अपना
झूठी मुर्दार रूढ़ियों की हिफ़ाज़त के लिए
मारना तुझको पड़ा है शहीद मन अपना !

आदमी इतना है असहाय और निरुपाय जहाँ
ऐसी दुनिया में उठो आग लगा ही डालो
खून जो प्यार का बिखरा है गली-कूँचों में
उसकी हर बूँद का सब दाम चुका ही डालो।

●

(6)

अजनबी दोस्त ! है आया तुम्हारा ख़त ऐसे,
जैसे खुशी को किसी ग़म पे प्यार आ जाये,
सूनी रातों में कहीं कूक उठे ज्यों कोयल,
द्वार पतझर के या कोई बहार आ जाये !

तुमने लिखा है मैं शायद तुम्हें न पहचानूँ
भूल जाना मेरे परिचय को मगर याद नहीं
एक भी साँस तो ऐसी है न इस सीने में
जो किसी दर्द से आबाद या बरबाद नहीं !

गीली आँखें, झुकी पलकें, और निगाहें खामोश
बेध देती हैं मेरे प्राण को अक्सर ऐसे,
बाग़ में पहले-पहल रोज बहारों के दिन
गंध कर देती है हर भौंरे को घायल जैसे !

भूल जाता तो तुम्हें किन्तु डबडबाई हुई,
झील में तैरती पलकों ने भूलने न दिया
शीश पर मेरे झुकी जो रही आशीष की भाँति
महमहाती हुई अलकों ने भूलने न दिया।

तुम वही हो जो मेरे दर्द भरे गीतों के
सामने बैठी थीं एक लौ-सी जगमगाती हुई
नीली साड़ी में किसी भोले बटोही का प्यार
ढाँकती-बाँधती डरती हुई शरमाती हुई !

मुझको है याद मेरे मृत्यु गीत को सुनकर
कैसे घिर आई थी आँखों में तुम्हारी यह घटा
ऐसा लगता था गुलाबों की पंखुरिया पर बैठ
ओस निकली हो देखने किसी सूरज की छटा !

आज भी याद है कल की है तरह वह सब कुछ
आज भी सब वही शीशे में देख लेता हूँ
दिल की हलचल तो मुझे दम नहीं लेने देती
रात को रोज़ ही आवाज़ तुम्हें देता हूँ !

हाँ तो अब ख़त को लिफाफे में बन्द करता हूँ,
आज ही शाम को मैं छोड़ दूँगा कलकत्ता
इसलिए घर के पते पर ही पत्र देना तुम
तुमको मालूम तो होगा ही मेरा ठीक पता !

यह महानगरी जिसे कहते हैं हम कलकत्ता
हो रहा है जो यहाँ वो न कहीं होता है,
पेट भरने के लिये रोज़ सुबह शाम यहाँ
आदमी ज़िन्दा आदमी की लाश ढोता है !

●

अज्ञात साथी के नाम

लिखना चाहूँ भी तुझे खत तो बता कैसे लिखूँ ?
ज्ञात मुझको तो तेरा ठौर-ठिकाना भी नहीं
दिखना चाहूँ भी तुझे तो मैं बता कैसे दिखूँ ?
पास आने को तेरे पास बहाना भी नहीं !

जाने किस फूल की मुस्कान हँसी है तेरी,
जाने किस चाँद के टुकड़े का तेरा दर्पण है ?
जाने किस रात की शबनम के तेरे आँसू हैं
जाने किन शोख़ गुलाबों की तेरी चितवन है ?

कैसी खिड़की है वह किस रंग के परदे उसके
तू जहाँ बैठके सुख-स्वप्न बुना करती है ?
और वह बाग़ है कैसा कि रोज़ तू जिससे
अपने जूड़े के लिये फूल चुना करती है !

तेरे मुख पर है किसी प्यार का घूँघट कोई,
या कि मेरी ही तरह तुझ पे कोई छाँव नहीं
किस कन्हैया की याद करता है तेरा गोकुल ?
या कि मेरी ही तरह तेरा कोई गाँव नहीं।

तू जो हँसती है तो कैसे कली चटकती है
तू जो गाती है तो कैसे हवाएँ थम जातीं ?
तू जो रोती है तो कैसे उदास होता नभ
तू जो चलती है तो कैसे बहार थर्राती ?

कुछ भी मालूम नहीं है मुझे कि कौन है तू
तेरे बारे में हरेक तरह से अजान हूँ मैं
तेरे होठों के निकट सिर्फ बेजुबान हूँ मैं
तेरी दुनिया के लिए सिर्फ बेनिशान हूँ मैं !

फिर बता तू ही कहाँ तुझको पुकारूँ जाकर ?
भेजूँ संदेश तुझे कौन-सी घटाओं से ?
किन सितारों में तेरी रात के तारे देखूँ ?
नाम पूछूँ तेरा किन सन्दली हवाओं से ?

लिख के ख़त भी जो मुझे तू कहीं हुई गुम है
इसका मतलब है तुझे मुझ पे एतबार नहीं
इसका मतलब है तेरे दिल में कहीं दर्द नहीं
इसका मतलब है तुझे आदमी से प्यार नहीं।

किन्तु तू प्यार आदमी को करे भी कैसे ?
उसकी तस्वीर आज प्यार के क़ाबिल है नहीं
उसका घर द्वार फूल-हार के क़ाबिल है नहीं
उसका ईमान ऐतबार के क़ाबिल है नहीं।

बेगुनाहों के खून से हैं लाल उसके हाथ,
उसके पाँवों के तले है पहाड़ लाशों का
उसकी आँखों में है सुर्खी पुँछे सिंदूरों की
उसकी जेबों में रुदन है असंख्य साँसों का !

हँसते बच्चों की तालियाँ उसे पसन्द नहीं,
गुनगुनाते हुए झूलों से उसे नफ़रत है,
छमछमाते हुए बिछुओं से दुश्मनी उसकी
सिर्फ दुनिया की तबाही से उसे राहत है !

उसके द्वारे पे न बजती है आज शहनाई
उसके आँगन में न उगती हैं आज मुस्कानें
उसके तालों पे न होता है कमल का जादू,
उसके खेतों में न गाते हैं अन्न के दाने।

प्यार को वह खरीदता है भूखर दे देकर
अस्मतों को वह बेचता है खुली सड़कों पर,
ज़िन्दगी उसने सौंप दी है मौत के हाथों,
सारे संसार को कर डाला है बारूद का घर !

न्याय इन्साफ एक पायदान है उसका
सभ्यता सिर्फ है बुशशर्ट नये फैशन की
धर्म ईमान है बस झूठ मुनाफ़ाख़ोरी
औ कला छींट है एक रेशमीन कतरन की।

ऐसे इन्सान पे तेरा भी है यक़ीन नहीं,
दोष मैं इसके लिए तुझको नहीं कुछ दूँगा
किन्तु अब तेरे ख़यालों में तभी आऊँगा
इस गुनहगार ज़माने को जब बदल दूँगा !

●

कश्मीर के नाम

भँवरों की गुनगुन वाले
फूलों की रुनझुन वाले
पाटल रूप रतन वाले

ओ शरमीले काश्मीर उठ, दुश्मन को ललकार दे
झूम उठे खैबर हिन्दूकुश ऐसी नयी बहार दे

सरहद पर बारूद लिये है आँधी खड़ी तलाश में,
घुला हुआ है ज़हर हवा में, धुआँ घिरा आकाश में,
लन्दन से वाशिंगटन और कराची से लाहौर तक
तुझे मिटाने की हर कोशिश है मज़हबी लिबास में

चढ़ती हुई उमर वाले
उठती हुई लगर वाले
उगती हुई सहर वाले

ओ श्रम के सैलाब ! गन्दगी जो हो जहाँ बुहार दे
झूम उठे खैबर हिन्दूकुश ऐसी नई बहार दे

झूम रही हैं फसलें तेरी, भरे पुरे खलिहान हैं
बड़े शोक से नयी बहारें तेरे घर मेहमान हैं
उपनिवेशवादी तब कुछ सैनिक अड्डों की खोज में
नफ़रत की हद खींच बाँटने तेरा उठे मकान हैं

एक भवन आँगन वाले
एक दिया दर्पण वाले
एक दिशा दर्शन वाले

ओ भारत के द्वार ! किले की भर हर एक दरार दे
झूम उठे खैबर हिन्दूकुश ऐसी नई बहार दे

शोर हो रहा जो जिहाद का उस जानिब बेबात है;
उसके पीछे पिरामिडों के कातिल का ही हाथ है
एटम के हथियारों की जो जुड़ी नुमायश पास है
वह नागासाकी के आदमखोरों की बारात है।

नयी सुबह सूरज वाले
नयी सिन्धु सतलज वाले
नयी गुहार गरज वाले

ओ सर्जन के दूत ! उलझती लट हर एक सँवार दे
झूम उठे खैबर हिन्दूकुश ऐसी नई बहार दे

शुभ चिनार की छाँव, छलकती झीलों वाली गागरी,
बादामों के बाग़, हवा की जिनमें बजती बाँसुरी
पशमीना पहने पहाड़ियाँ, जड़ी नगीना घाटियाँ,
फेंक रहा है दुश्मन सब पर ही ज़ंजीरें डालरी।

चिर स्वतन्त्र छाँहों वाले
चिर स्वतन्त्र राहों वाले
चिर स्वतन्त्र बाँहों वाले

ओ वसन्त के पुत्र ! खड़े पतझड़ को चाँटा मार दे
झूम उठे खैबर हिन्दूकुश ऐसी नई बहार दे

फूट रही है सुबह पूर्व में, पश्चिम का मुँह स्याह है
हर पहाड़ सर करती जाती निर्माणों की राह है
माँग भर रही चट्टानें वीरानों के सिर मौर है
लिये पालकी झरने, नदियों का हो रहा विवाह है

बौराई बगियों वाले
गदराई अँगियों वाले
शरमाई बिन्दियों वाले

ओ सुहाग सिंगार ! लुटे सपनों की भाँवर डाल दे
झूम उठे खैबर हिन्दूकुश ऐसी नई बहार दे

डरने की क्या बात अगर दुश्मन योरुप का प्यार है,
खून एशिया भर का तेरे घर का पहरेदार है,
साइप्रस के हत्यारों ने जो साजिश की इस भूमि पर
तो बर्बाद हुई समझो कामनवैल्थी सरकार है

गर्म लहू सीने वाले
आग बरफ़ पीने वाले
मेहनत पर जीने वाले

ओ धरती के स्वर्ग ! हलों की नोंकें और उभार दे
झूम उठे खैबर हिन्दूकुश ऐसी नई बहार दे

उठ ओ मेरे काश्मीर ! बो ऐसे बीज जहान में,
खिलें प्रेम के फूल सुर्ख हर बारूदी वीरान में,
आज़ादी का अर्थ आँगनों में से भूख बुहारना;
और बिछाना पलंग सूर्य का मन के बन्द मकान में,

प्यार भरी बोली वाले
स्नेह सजी डोली वाले
गीत गुँथी झोली वाले

ओ प्रकाश के वेद ! दियों की हर बाती को प्यार दे
झूम उठे खैबर हिन्दूकुश ऐसी नई बहार दे

भूल न जाना ध्येय देश का धर्म नहीं, निर्माण है,
मन्दिर-मस्जिद तो राहें हैं मंज़िल तो इन्सान है
काबा की या काशी की हो, गीता या कि कुरान की
धरती सबकी माता, उसका सब पर प्यार समान है,

समता औ, क्षमता वाले
दृढ़ता औ नमता वाले
मधुता औ ममता वाले

और समदर्शी सन्त ! बदल यह परदों का संसार दे !
और जहाँ भी दिखें साँकलें काट किवाड़ उघार दे
झूम उठे खैबर हिन्दूकुश ऐसी नई बहार दे ।

●

किरन सिंह के दोहे

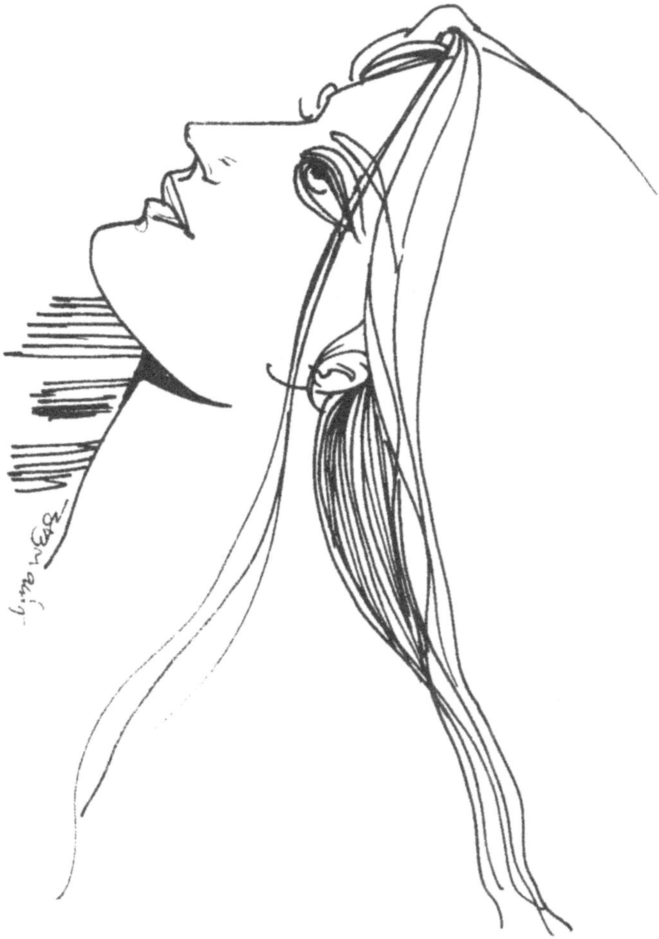

बरसे रस की चाँदनी भीगे उन्मन अंग
श्याम पिया, मैं श्वेत हूँ, रैन दिवस इक संग
किरन सिंह

(1)

गति क्रम यति ना छन्द लय ना भाषा का भान
मैया मैं दोहा लिखूँ, दे दो ऐसा ज्ञान

(2)

वीणापाणी माँ मुझे दो ऐसा वरदान
दुख मैं जन-जन का हरूँ, दूर करूँ अज्ञान

(3)

मातु काव्य मेरा करे ऊर्जा का संचार
मधु रस कलश पराग की बरसे अमरित धार

(4)

गुरु तुम्हारी चरण रज लूँ माथे पर डाल
पत्थर को पारस कियो औषधि कीन्हीं छाल

(5)

चले मथानी की तरह यह दिमाग दिन-रात
तब दोहों में लौनि-सी निकले मन की बात

(6)

शब्द न सूझे क्या कहूँ बूझो मन की बात
समझे ज्यों माता मरम बालक क्या तुतलात

(7)

क्षर अक्षर के बीच में कर्म सकाम अकाम
अक्षर ना हों क्षर कभी हों न अकाम सकाम

(8)

कविता है मेरा धरम नहीं कोई व्यापार
यौवन जब बिकने लगे बन जाता बाज़ार

(9)

कोयल कूके बाग में बौराये जब आम
कागा शगुन विचार दे कब आयेंगे राम

(10)

कण-कण वासी राम को कैद करेगा कौन
जिसके मन में राम हैं वह झगड़े में मौन

(11)

राम नाम की देहरी श्याम नाम घर द्वार
नारायण चौबार पे बार दीप सौ बार

(12)

साहस ऐसा देव दो सह लें सकल प्रहार
गरल पियें हम, अमृत सब दें जन-जन पर वार

(13)

सुफल भक्ति का पा रहा मन यह परमानन्द
निरे भोग की चाह से भक्ति हो गयी मन्द

(14)

पारस है तेरा हृदय काँचा लोहा अंग
लोहा तू चमका रहा पारस खाता जंग

(15)

बरसे रस की चाँदनी भीगे उन्मन अंग
श्याम पिया, मैं श्वेत हूँ, रैन दिवस इक संग

(16)

तू ही तू मुझको दिखे मिटा द्वैत का द्वंद्व
बिनु भाँवर तेरी हुई, कैसा यह अनुबंध

(17)

निर्झर मिल जाये अगर जल की मिटे तलाश
मोहक छवि रस पान कर बुझी सदा को प्यास

(18)

कर्म अगर नि:स्वार्थ है बन जाता हे धर्म
लोभ-पाप प्रेरित सदा कर्म हुआ दुष्कर्म

(19)

लिख कविता साहित्य पर किया नहीं अहसान
सुख अतुलित है कवित में और सहज सम्मान

(20)

दिन गिनते अंगुरी घिसी नैन थके तकि राह
मन हारा जपि नाम को मुख सूखा भरि आह

(21)

घट कुंभक में, मीन है प्राण, श्वास ज्यों नीर
ज्यों-ज्यों घटता नीर त्यों बढ़ती जाती पीर

(22)

भरि-भरि परइ खीर दूँ सुन हे शगुनी काग
बैठ मुँडेरी छेड़ दे पिय आवन का राग

(23)

कहीं उत्सवी धूम है कहीं रुलाये शोक
लिखा भाग का भोगना कौन सका है रोक

(24)

मनुज जन्म पुनि दीजिए मुक्ति न चाहूँ नाथ
अलग रहे में प्रेम है ना चाहूँ मैं साथ

(25)

पिऊ-पिऊ पपिहा करे कुहु-कुहु कोयल नाद
आह-आह करके हृदय करे पिया को याद

(26)

धन कुबेर विरला कोउ होता है विद्यवान
किन्तु चाहने मात्र से विद्वत हो धनवान

(27)

केसर गंधी बाग में मिलते मानव अंग
शनैः तोड़ती स्वर्ग को इक बारूद सुरंग

(28)

सुख के दिन जब खो गये दुख की क्या औकात
सदा नहीं जब रहा दिन क्यों रह पाये रात

(29)

मन्दिर थे जो ज्ञान के सरस्वती स्थान
विद्यालय वो बन गये बनिये की दूकान

(30)

गुरु करें तैयार अब भस्मासुर की फौज
मेधा कुंठित हो रही तिकड़म करती मौज

(31)

कागज कलम किताब को नन्हें मन पर कोप
खुले चमन के फूल को गमलों में मत रोप

(32)

गुरु करायें शिष्य से तरह-तरह के काम
मान घटे तो दोष दें कलियुग आया राम

(33)

पहले सौ-सौ सोच ले फिर कुछ कह आचार्य
एकलव्य कोई न अब ना तू द्रोणाचार्य

(34)

जो शरीर रहता सदा रति, रोटी में लीन
वो पशु है मानव नहीं, दोनों में भी दीन

(35)

गिरे पात जो चीड़ के माली लेहुँ बुहार
आऊँगी मैं देखने, फिर कह गयी बहार

(36)

चिकनी सीढ़ी चरित की नीचे गहरा खन्त
फिसला गर तू एक पग नहीं पतन का अन्त

(37)

रूप वृथा हे गुण बिना जैसे फूल पलाश
ना तो देवों पर चढ़े ना महकाये साँस

(38)

बेकल हूँ कैसे मिले भगवन तेरा ज्ञान
तुझे छोड़कर ध्यान में सब कुछ आता ध्यान

(39)

सुख दुख हैं दो पारियाँ, जीवन है इक खेल
हँसकर खेले पास हों, रोकर खेले फेल

(40)

ध्यान धरा तो ध्यान धर भोग रहा तो भोग
जब जो करता, कर वही, कहें इसी को योग

(41)

यह तन काजल कोठरी करे आत्मा वास
सजग बिना कालिख लगे उड़ जाये आकास

(42)

वैसे ही यह आत्मा धरे दूसरा गात
इक ज्योती से दूसरी ज्योती ज्यों जल जात

(43)

रंग घुले ना नीर बिनु नीर होते बेरंग
अंग मिले ना प्राण बिनु प्राण होत बिनु अंग

(44)

ढूँढा सारे विश्व में ढूँढे संत-महंत
था मुझमें ही तो छिपा मेरा अपना कंत

(45)

ढाई आखर प्रेम की बाजी यह संसार
कभी हार कर जीत है कभी जीत कर हार

(46)

गहन झील है तरल जल भौंहें नाव कमाल
पुतरी ज्यों मछरी फँसी पलक रेशमी जाल

(47)

धूम बिना हिरदय जले ऐसी कैसी आग
तड़पे मछली नीर बिनु कहे मोर बड़ भाग

(48)

चैन मिले दिन में नहीं खुले रैन में नैन
लगन लगी ऐसी पिया मौन हो गये बैन

(49)

किये हृदय में छेद जब सही चीरती पीर
तभी बाँस बंसी बने बाजे जमुना तीर

(50)

एक प्रश्न उत्तर कई जाऊँ मैं किस राह
जग सागर गहरा गहन, मिले न कोई थाह

(51)

मिला न अब तक वो मुझे धरा फकीरी वेश
शर्त कठिन है मिलन की तजना होगा देश

(52)

कोलाहल सब थिर गया फिर माहौल उदास
क्षण भर को डाली कँपी उड़ि पंछी आकास

(53)

अजब बेचती श्याम रंग देखो तनिक लगाय
जितना लो उतना अधिक मन उजला हो जाय

(54)

मनमैला धोकर गयी मटमैली जलधार
जैसी हूँ अपना लिया मैंने, पिउ का प्यार

(55)

अन्तः सलिला-सी बहे भीतर गहरी पीर
ऊपर पुतरी तड़पती ज्यों मछली बिनु नीर

(56)

पिउ में मैं का विलय है, प्रेम अहम् का त्याग
कोयला जर हीरा बने प्रेम अजब है आग

(57)

बरस गये धन द्वैत के मन का गगन उजास
प्राण परेवा सैर कर, लिये मिलन की आस

(58)

लोभ, मोह, माया नहीं हीन भावनहि दंभ
मैं अनन्त हूँ अन्त भी मेरा है आरंभ

(59)

धरती पर ही स्वर्ग है नरक यहीं पर जान
जैसी रक्खे नींव तू वैसा बने मकान

(60)

दुख के कारण ही रही सुख की ऊँची पीठ
प्यासा ही बतला सके निर्झर कितना मीठ

(61)

प्रेम कहानी करुण नहिं, ना पग की जंजीर
प्रेम राजपथ पे चले गहे परमपद वीर

(62)

विरह-दर्द पीड़ा मिले प्रेम का यह दस्तूर
जो मैं प्रियतम जानती रहती कोसों दूर

(63)

दुनिया के जंजाल सब लेते थे मिल घेर
सात फेर तुम संग लगा छूटा सातों फेर

(64)

मूँगा, मोती झूठ है, पोथी-पत्रा व्यर्थ
कर्म करो हरि नाम ले, तब ही साँचा अर्थ

(65)

जितना पीती हूँ अधिक बढ़ती जाती प्यास
तृप्ति दूर से देखती और-और की आस

(66)

उत्तम सम्पत्ति है चरित स्वास्थ्य दूसरा कोष
विद्या धन है तीसरा चौथा धन संतोष

(67)

सोयी माया-मोहिनी मुख पर डाले केश
नाच रहे तीनों भुवन बदल-बदल कर वेश

(68)

जो सुभाव संगति वही आये मन को रास
तुलसी सँग तुलसी उगे बाँस-बाँस के पास

(69)

गुरु पूछते द्वार पर कौन खड़ा यह मौन
शिष्य कहे यही जानने आया हूँ मैं कौन ?

(70)

खेलकूद माँ गोद में लौटे बाल अधीर
पिता अंक चाहे शयन जर्जर थका शरीर

(71)

कर्म-मदारी भाग्य की डोर लिये है हाथ
कर्म बने दुष्कर्म तो भाग्य न देता साथ

(72)

किरन-किरन मन को करे यह जाड़े की धूप
सब जग उजला हो गया गुन-गुन रूप अनूप

(73)

शिशिर बाँह छूकर कहे कसो मीत भुज पास
थर-थर काँपे देह मन तुम्हरे लौ की आस

(74)

कल-कल कहती है नदी, कल पुरजा कल नाद
कल पर जो पल टल गया, कल न परत रख याद

(75)

उजली धोती पहन कर खड़ा हिमालय मौन
छीन चीन से लायेगा सियाचीन अब कौन

(76)

रंग न धुलता नीर बिनु नीर होत बेरंग
अंग न होते प्राण बिनु प्राण होत बिनु अंग

(77)

खारा-खारा मत कहो खारा ही सुख लाय
खारा जल पीकर जलाधि मीठा जल बरसाय

(78)

मदमाती महुआ महक सरसों सरस सुगंध
बौराई रस मंजरी बौराय अनुबंध

(79)

जब तुम ही ना रख सके गोपन अपना भेद
दूजे ने फैला दिया तो क्यों करता खेद

(80)

किसकी करें गुहार जन बहरी जब सरकार
सखि किस पर सिंगार हो आँधर जब भरतार

(81)

सबके हित में साधु-सा करे स्वयं को होम
उजियारे में जग रहे जला करे यह मोम

(82)

मृग, सियार, सिंह एक ही वन में करें निवास
सिंह भले भूखो मरे, मगर न खाये घास

(83)

गुमनामी में खो गये मिली नहीं पहचान
देखे हैं विद्वानजन समुचित मिला न मान

(84)

वन में रह के सध गया मन तो बड़ी न बात
कमल सरीखा कीच में रहे सो योगी जात

(85)

बड़े धैर्य से प्रेम से बोलो वचन सम्भाल
मीठी बोली से बड़ा दूजा नहीं रसाल

(86)

कृत्य बड़ों के देखकर दुखी बहुत यह देश
किन्नर को ही क्यों न फिर अपना चुने नरेश

(87)

भारत के बाज़ार पर लगी निगाहें आज
संदेहों में है तिरा विश्व सुन्दरी ताज

(88)

महल उठाते श्रमिक की हालत को यूँ जान
रेशम रचि कीड़ा मरा, पहन रहा धनवान

(89)

जीवन की औ रेत की होती एक ही जात
जितना मुट्ठी में कसो उतनी फिसलत जात

(90)

राग रंग मद मोह सब संशय-स्नेहि सुभाव
नैना हैं दरपन सदृश झलकें भाव कुभाव

(91)

जाति-पाँति अभिमान में किया शक्ति का ह्रास
इसीलिये भारत रहा सदियों-सदियों दास

(92)

जो जग को कलपाय तो वो भी ना कल पाय
जो सागर जल जाय तो मछरी भी जल जाय

(93)

देखे अपनी ओर वो या परिवार समाज
कितने पाटों में यहाँ पिसती नारी आज

(94)

व्यथा-कथा किससे कहें कोई समझ न पाय
मेरा दुख सुनकर जगत अपना दुख दोहराय

(95)

पूजन कीर्तन से अधिक फलदायी शुभ कर्म
धर्म यही सबसे बड़ा गीता का यह मर्म

(96)

रोगी, जोगी, गर्भिणी फँसे, लगा है जाम
निकलें नीली बत्तियों रुके जरूरी काम

(97)

दूजे को मैं क्या कहूँ था मेरा ही वोट
क्यों ऐसा नेता चुना, थी जिसमें अति खोट

(98)

पहले की जो जीत है दूजे की है हार
एक ओर अँधियार है तभी पार उजियार

(99)

कसक कटारी, शूल-सी चुभते हैं अब फूल
रितु बासंती बेधती कहो गये क्यों भूल

(100)

कल तो ना आये कभी फिर कब हों सब काम
जो करना कर लो अभी करो तभी आराम

(101)

राग रंग सब खो गये उड़िगै साज सिंगार
झर-झर कर पतझर कहे सपना हुयी बहार

(102)

सर्पिल पथ पर फूलती सरसों दोनों ओर
देखें यह अनुपम छटा हो आनन्द विभोर

(103)

दो वक्तों भोजन, वसन दो जोड़ी, दो लाल
दो कमरों की छत तले सुख-दुख दो ही हाल

(104)

खेलेगा तू एक दिन अभी है उलटी रेख
पास न पासा जब तलक, बैठ तमाशा देख

(105)

अपने मन की बेकली कहता तू घबराय
कोई कुछ करता नहीं बेमतलब दें राय

(106)

समय कहाँ था पास में तू कर पाता भोग
भोगे सुख परिवार सब, तुमने पाले रोग

(107)

तरुवर तर ज्यों साथ ही रहते धूप औ छाँह
त्यौं ही सुख में दुख मिला आह के संग उछाँह

(108)

सहनशीलता लग रही कायरता, तो त्याग
राम उठाते धनुष जब सागर आता भाग

(109)

लहूलुहान पग भैरवी करे तांडवी नृत्य
त्राहि-त्राहि कर फिर रहे पापी पंकिल कृत्य

(110)

हर कोई प्यासा मिला, जब तक घट में नीर
चुका नीर तो पाँव से दुलका दीन शरीर

(111)

भाग्य अजाना आपना जन्म मिले केहि बीच
बूँद पड़ी इक सीप में, एक मिली जा कीच

(112)

लय में धरती यह बँधी लय में चलती श्वास
लय बिगड़े तो प्रलय का होता है आभास

(113)

एक रचयिता का कोई पढ़ न सका है लेख
लिखा मगर सब खेलते अदल-बदल कर मेख

(114)

तुम्ही आदि हो अंत भी तुम्हीं लक्ष्य औ राह
जाना जबसे भेद यह किया अमिय अवगाह

(115)

लेखा-जोखा क्या करें सीधी-सच्ची बात
जीवन भर जितना दिया वही साथ सब जात

(116)

औचक संयम देखता कहूँ छाँह कहूँ धाम
मन लोभी को घेरता नाम काम अरु दाम

(117)

अपने-अपने काम को अपने-अपने चाव
बुरा समय देकर गया अनगिन गहरे घाव

(118)

समय बहाकर ले गया, सुख सपनों का खेत
खड़ी अकेली ढूह पर दूर-दूर तक रेत

(119)

चोट लगी तो क्या हुआ मैं तो हूँ अति छोट
ग्रहण सूर्य को भी लगे बादल कर दें ओट

(120)

पौधा रोपा प्यार से सींचा देकर रक्त
फल औरों के भाग में कैसा आया वक्त

(121)

एक जून के भोज का कितनों को अभिशाप
ऐसे में हम आपका भरा पेट है पाप

(122)

भूख, गरीबी, चोरियाँ, झगड़ा, नशा जरूर
जिस हालत जन्मा उसी दशा मरे मजदूर

(123)

उग आया सूरज मगर सुबह अभी है दूर
चौराहों पर बिक रहे जब तक ये मजदूर

(124)

कोहिनूर-सी सुता को रखता तात सम्भाल
मिले अगर वर पारखी जिये पिता सौ साल

(125)

जीवन की गति चाँद ज्यों नभ में आये छाय
बढ़त-बढ़त पूरन भयो घटत-घटत मिट जाय

(126)

शहद खिलाये जो मरे जहर उसे क्यों देय
मधुर बोल से मोल ले क्रोध कर्म है हेय

(127)

मीत नहीं माँ से बड़ा इस दुनिया में कोय
पाप-पुण्य करि गोद में नींद चैन की सोय

(128)

गठरी पूरी उमर की पल में जली मसान
पाना कितना कठिन है खोना कित आसान

(129)

उसके मुखड़े पर दिखे अजब-अनोखी कांति
मानो हिय में बस रही अनुपम गहरी शांति

(130)

हिमगिरि की ये चोटियाँ ऊँची अनत अपार
पंख खोल दिन एक में पंछी करता पार

(131)

कुछ है इसके पास तो कुछ है उसके पास
मिले न दो पग भूमि पर उस खग का आकास

(132)

बड़े-बड़ों के बीच में खो जाती पहचान
सघन वृक्ष के बीच ज्यों पगडण्डी अनजान

(133)

नैन सलेटी श्वेत मुख अधर चमकते लाल
चलती हो तो यूँ लगे फिरे हंसिनी ताल

(134)

एक हारता है तभी दूजे की हो जीत
दुखदायी है बहुत यह हार जीत की रीत

(135)

छायी अति सुन्दर छटा, घटा आ गयी झूम
फूलों की घाटी सखी चलो देख लें घूम

(136)

तुरंत छाँट उस मीत को जो छिप करता घात
सड़े अंग को काटकर जान बचायी जात

(137)

त्याग प्रथम दूजा किया पुनि तीजे पर दौड़
फिरा किया यूँ वृत्त में लक्ष्य हो गया गौड़

(138)

सिहरा-सिहरा धाम है सिहरी-सी है शाम
जान पड़त यूँ द्वार पर जाड़ा आया राम

(139)

राजनीति तो आज की है इक कूड़ेदान
घर-घर का कचरा यहाँ पाता जीवनदान

(140)

भूल गये करके कई हम तुम पर उपकार
रत्ती भर तुमने किया करने लगे प्रचार

(141)

छल-बल जग परपंच से मूँदे अपने नैन
शुतुरमुर्ग-सी काव्य में ढूँढ़ूँ मन का चैन

(142)

चौक रंगोली अल्पना आल्हा चैती गीत
बिसर गये हम आप सब आज पुरानी रीत

(143)

झुमका झूला झांझरो झुरमुट औ झरबेर
झनक-झनक सब कह रहे आओ भयी अबेर

(144)

पुस्तक पढ़ने का कहाँ रहा किसी को शौक
विषय बात के रह गये टी०वी० कपड़े छौंक

(145)

अभिनन्दन है आपका आये मेरे धाम
श्रीवर को कर जोड़ के करते आज प्रणाम

(146)

कोमल डाली को कहाँ, आँधी पायी लूट
अकड़ी डाली अहम् की गयी पलों में टूट

(147)

मन में आता है कभी तोड़ूँ सारे बन्द
मन का संगी साथ ले उड़ जाऊँ स्वछन्द

(148)

चढ़ते-चढ़ते गगन में जड़ें न जायें भूल
तरुवर का अस्तित्व है जब तक नीचे मूल

(149)

गीली गठरी पीठ पर रिश्तों का यह भार
तनिक निचोड़ा काम से बह जाता सब सार

(150)

जग बिसात पर मैं चलूँ सबके मन की चाल
सोच रही हर दिवस से पूछूँ अपना हाल

(151)

इज्जत की रोटी मिले ऐसा कोई काम
पास-पड़ोसी जान लें चाहूँ इतना नाम

(152)

धन की है क्या हैसियत पुनि जाये पुनि आन
जाकर फिर फिरते नहीं समय शब्द अरु प्रान

(153)

खतम हुआ है दिन जहाँ शुरू वहीं से रात
अन्त समय जो रात का दिन की है शुरुआत

(154)

नर नारी राजा प्रजा पंडित सिद्ध इमाम
सुख-दुख सबके एक हैं फर्क अलग बस नाम

(155)

पाँच इन्द्रियाँ साध के जुआ खेलता धर्म
लगे द्रोपदी दाँव पर युग-युग यही अधर्म

(156)

मन्दिर-मस्जिद फिर चले मूँछों पर दे दाव
आने वाला है सखी लगता पुनः चुनाव

(157)

बिटिया बाबुल खेत में बोयी बिरवा धान
इहाँ उरवारी गेह पिउ रोय चढ़ी परवान

(158)

अजब खजाना प्रेम का बाँटों बढ़ता जाय
मन में राखो तो घटे सिमटे अरु मिट जाय

(159)

शिथिल अंग मन विवश है नैना ढुलके नीर
है क्या ये आनंद या गहन प्रेम की पीर

(160)

सबल साथ सबही खड़े, निबल संग कोउ नाहिं
अग्नी भड़कावत पवन, दीपक देत बुझाहिं

(161)

व्याभिचारी से ना रखो, धनी ! दया की आस
आँसू तेरे देखकर बढ़ती उसकी प्यास

(162)

कोशिश मैंने की बहुत मत कह बारम्बार
साथी हारे की नहीं सुनता यह संसार

(163)

अपनी-सी तो खूब की, फिर भी असफल आज
दुख है, अपने भी कहें मुझे बहानेबाज

(164)

बरसे बादल भरम के स्वच्छ गगन-सी कांति
अब रोने के बाद है, मन में गहरी शांति

(165)

बुद्धू-ढोंगी मानता सच्चों को संसार
सत्य अहिंसा हो गये जंग लगे हथियार

(166)

मनमानी अपनी करे, कभी न माने बात
वश में किसके यह रहे पागल मन की जात

(167)

सुन्दर नारी चरित पर सहज हि लगे कलंक
धवल वसन पर बूँद भी साफ झलकता पंक

(168)

इज्जत है परिवार की ढकी है जिससे लाज
उस नारी की हो रही तनिक न इज्जत आज

(169)

कर सकते क्या तुम नहीं सोचो आँखें मूँद
बदल देत जब रेत में पर्वत को भी बूँद

(170)

सुख दो पल का अतिथि दुख रहता पाँव पसार
दो दिन जीवन सुमन का, काँटे सदाबहार

(171)

गेह-यज्ञ में माँ सदा होती आयी होम
जलते-जलते गल गयी जले गले ज्यों मोम

(172)

कहाँ मिले ये बाग बन कहाँ ये बात बिचार
सासुर के घर उमर भर बाबुल घर दिन चार

(173)

भर कुलाँच जी भर मृगी इत-उत गाँव जवार
बाबुल के घर में लिखा रहना दिन दो चार

(174)

लेगा इक दिन विरह यह प्रियतम मेरे प्राण
दिवस रैन की तड़प से चाहूँ मैं भी त्राण

(175)

मदमात यौवन लिये सुधियों की बारात
आया खुशियाँ थाहने पूनम वाली रात

(176)

स्वाभिमान, अभिमान में बाल बराबर भेद
एक ढाल है दूसरा भाले-सा दे छेद

(177)

तुमको गुण-अवगुण सहित करती हूँ स्वीकार
चाँद चाहिये दाग से फिर कैसा इंकार

(178)

अचल सम्पदा जाँच के ऋण दे दुनियादार
पास कठौती हो तभी आटा मिले उधार

(179)

स्वच्छ चरित जिसका वही लिख सकता है नग्न
पुनर्सृजन जो कर सके करता वो ही भग्न

(180)

बन्द रहीं सब खिड़कियाँ उमस रही भर रात
खोलूँ तो भय यह लगे करे न कोई घात

(181)

बापू होते आज गर कितना होता कष्ट
राम-राज के स्वप्न को राज कर रहे भ्रष्ट

(182)

सत्ता की सीढ़ी बना सच्चा गाँधीवाद
स्यार घूमते शेर की खाल ओढ़ आजाद

(183)

रवितम चादर ओढ़कर सोया आँखें मूँद
युद्ध किया इस तरह से रक्त बहा ना बूँद

(184)

तेज समय से जो चला किया न जग ने माफ
सूली, गोली, विष मिला यह कैसा इंसाफ

(185)

रोम-रोम में मत भरो नफ़रत का बारूद
चिनगारी भी छू गयी छन में मिटे वजूद

(186)

देश सुरक्षित जब तलक तभी तलक सब भोग
बिजली गिरे मकान पर मरते घर के लोग

(187)

पिता सभी का एक है सुत नहिं एक समान
जैसे हीरक, कोयला निकले एकहि खान

(188)

पति तो है वट वृक्ष-सा पत्नी बैठी छाँव
विलग चिलगती धूप में चलती नंगे पाँव

(189)

कदम-कदम पर साथ दे तुझे बनाया मीत
निकल गया तू घात कर खूब निभायी रीत

(190)

झूठे की जय देखकर सच्चाई मत रूठ
कद से कितनी ही बड़ी छाया तो हे झूठ

(191)

संघर्षों के बीच ही मानव हो तैयार
तपे आग में लौह तब बनता है हथियार

(192)

सब ही आये शहर में छोड़-छोड़ कर गाँव
किन्तु गरीबी गाँव का पकड़े बैठी पाँव

(193)

हर लेती धनहीनता गुण लज्जा औ मान
ज्यों काई हर लेत है निर्मल जल की आन

(194)
बीज बिखेरा आँगना चिड़िया खा उड़ जाय
छोटी-छोटी बात में बड़ी खुशी मिल पाय

(195)
बाद युगों के सुन रही अस्फुट-सा वह गान
कोई कानों में कहे, तुम्हीं हमारे प्राण

(196)
भीतर तक मैं भर गयी बुझी हृदय की प्यास
तुमको पाया तो लगा पूरी हुयी तलाश

(197)
ना यह देवों पर चढ़े ना महकाये साँस
रूप वृथा है गुण बिना जैसे फूल पलाश

(198)
शरद चाँदनी बैठ के डाल नदी में पाँव
बातें वो सपना हुयीं छूटा जबसे गाँव

(199)

हिय बासन में चुन रखूँ गिनूँ बेठ दिन रात
टप-टप कानों में गिरे महुआ पिउ की बात

(200)

तिर्यक नैना लाल मुख होंठ दबी मुस्कान
भरी सभा में धैर्य रख सब लेंगे पहचान

(201)

मालिक हो तुम्हीं मिरे तुम्हीं हमारे नाथ
प्रभु माँगू दे दो मुझे, जनम-जनम का साथ

(202)

चंद दिनों में भाग्य ने खेला ऐसा खेल
लगता मेरा आपका युगों-युगों का मेल

(203)

छोड़ छाड़ सब आ गयी प्रियतम तेरे द्वार
बाँह पकड़ ले चल मुझे हौले से उस पार

(204)

भाग कर्म का मेल या वृक्ष बेल-सा साथ
सूर्यमुखी मैं गन्धयुत दीप्त सूर्य तुम नाथ

(205)

जीवन चरखा में चली पाँच रंग के सूत
स्वाहा होते हो गयी चुटकी तिलक भभूत

(206)

कर्म और व्यवहार में मन के दिखें विचार
जस बीजा तेरा रहा फसल है तस तैयार

(207)

तनिक न निज को दोष दे अगर गया तू टूट
वो भी जब मानुष बना गया पसीना छूट

(208)

मृदु कठोर का संतुलन यही ठीक व्यवहार
सोना में ताँबा मिले तभी बन सके हार

(209)

मिली राह उनको सदा जिनके मन में चाह
कैसे भी हो ढूँढ ले जल बहने की राह

(210)

आवगमन बिगड़ा नहीं साँसें जातीं टूट
पनघट की रौनक वही गयीं गागरें फूट

(211)

चँद दिनों में भाग्य ने खेला ऐसा खेल
लगता मेरा आपका युगों-युगों का मेल

(212)

केसर इत्र फुलेल की महक हो गयी मन्द
उठी सीझते अन्न से ताज़ी सोधीं गन्ध

(213)

पूरब पश्चिम की रही तुलना यह भी खूब
उगता सूरज पूर्व में पश्चिम जाता डूब

(214)

घेर-घार सब ओर से दे नहि सकता मात
जस आया तस जायगा दुख की क्या औकात

(215)

दुर्दिन के दुख दूर हों बेटा गया विदेश
माँ रोये बरसों हुये आया नहीं सँदेश

(216)

अकर्मण्यता पाप है दोष मानना हार
कर्मवीर भोगे सदा सम्पत्ति सुख संसार

(217)

नस्ल संक्रमति हो गयी, जाति है धब्बेदार
मानुष आदमखोर अब और श्वान रखवार

(218)

ऊँच नीच का प्रेम में होत नहीं है भेव
मैं ऊपर ना आ सकूँ तू आ नीचे देव

(219)

हृदय चीर कर सामने आ निर्भय हो पीर
शब्द तीर के सामने नतमस्तक सब वीर

(220)

द्वैत भाव दुख दीनता दमन दाम क्या काम
रोम-रोम में रम रहे मेरे राजा राम

●